_____ 님에게

사랑하기에도 짧은 시간들
서로에게 힘이 되고 위로가 되는
따뜻한 동행이 되고자
이 시집을 드립니다.

　　년　　월　　일

_____

두 번째 77개의 산문시

가끔은
　　　말이야

가끔은 말이야
두 번째 77개의 산문시

초판 1쇄 발행 2025년 6월 28일

지은이 이현재
펴낸이 박은선
펴낸곳 월훈출판사
출판등록 제2024-000015호

교정 주경민
디자인 강샛별
편집 강샛별
검수 김지원, 정윤솔
마케팅 김윤길

주소 경기도 시흥시 목감중앙로 62
이메일 wave0220@naver.com
전화 070-4651-3730~4

ISBN 979-11-990009-2-6(03810)
값 13,000원

- 이 책의 판권은 지은이에게 있습니다.
- 이 책 내용의 전부 또는 일부를 재사용하려면 반드시 지은이의 서면 동의를 받아야 합니다.
- 잘못된 책은 구입하신 곳에서 바꾸어 드립니다.

두 번째 77개의 산문시

가끔은
말이야

보은 이현재

월훈
출판사

작가의 말

고통 없이 산다는 건 축복이다

빠꼼이 내비친 나뭇잎 사이로
하늘거리며 다가오는
웃음 띤 너의 고운 모습
흐려진 구름 속에 가려진
옛날 그대로 아롱이는 물방울 자물쇠

고독을 잠그는 열쇠 안에
너라고 설정된 암호가 있었고
그 암호를 푸는 과정에
나라는 의문의 기호가 풀렸다
어떤 의미를 부여받고 초대받은
잠금과 풀림의 고고한 의식

눈을 마주치려 함은 곧 사랑이다
으르렁거리기를 멈춘 그것은
닫힌 문을 열고
새로운 사랑을 하기 위한 방편이다

"가끔은 말이야"
퇴보가 아닌 일로 전진을 위한 사랑의
무한한 가능성에 무게를 두고

2025. 5. 5. 월요일 새벽에
이현재

목차

작가의 말   6

1부
고독한 배아

갈등	16
고독한 배아	17
기형	18
길 위의 삶	19
낯선 사람들	20
도시인	22
문명의 이기를 벗어난 어쭙잖은 현생인류	23
비틀거리는 삶 1	24
비틀거리는 삶 2	25
사색하는 나무	27
사월	28

태양의 삶	29
지구의 전설	30
초로	31
하늘에 이는 바람	32

2부
갑 다음에 오는 을

갑 다음에 오는 을	36
고독사	38
그대여	40
길	42
내 작은 일상에서 행복을 꿈꾸며	43
뒤웅박 팔자	45
말 1	49
말 2	50
벗어 던지거나 나아가거나	52
별에게 전하는 이야기	53
빨간 거짓말 하얀 거짓말	54
산사에 걸린 번뇌	55
숨어서 운다	56
영원한 삶의 한계	57
잡초	58
풍류예찬	60

3부
기억의 저편

기억의 저편	64
너의 하루	65
눈 오는 날에	66
하루의 날에	67
머리에서 발끝까지	69
바람	72
바람이 머물지 않는 곳에는 물결도 일지 않는다	73
뿌리 1	74
뿌리 2	75
스모그	77
오해	78
온 누리에	80
천경	81
푸른 영혼	82
하루를 여는 그대에게	83

4부
눈빛과 별빛에 기댄 삶

꽃무릇	88
눈빛과 별빛에 기댄 삶	89
너와 나 1	90
너와 나 2	92
너와 나 3	94
너와 나 4	96
님 그림자	98
뭐 아니면 말고	99
삶	100
어느 날 꿈 1	101
어느 날 꿈 2	103
울 오매 1	104
울 오매 2	105
이혼	106
잔느에게	108
조건 없이	109

5부
가끔은 말이야

가끔은 말이야	114
똥간	115
삶의 만족	117
용인할 수 있는 것과 용인할 수 없는 것	118
인생 뭐 있수!	121
절구	122
참과 거짓	123
참된 자아로 본 시선	124
초현생인류	126
침묵하는 별	127
푸르름의 도시를 꿈꾸며	128
허락되지 않은 삶	130
허허	131
효설	132

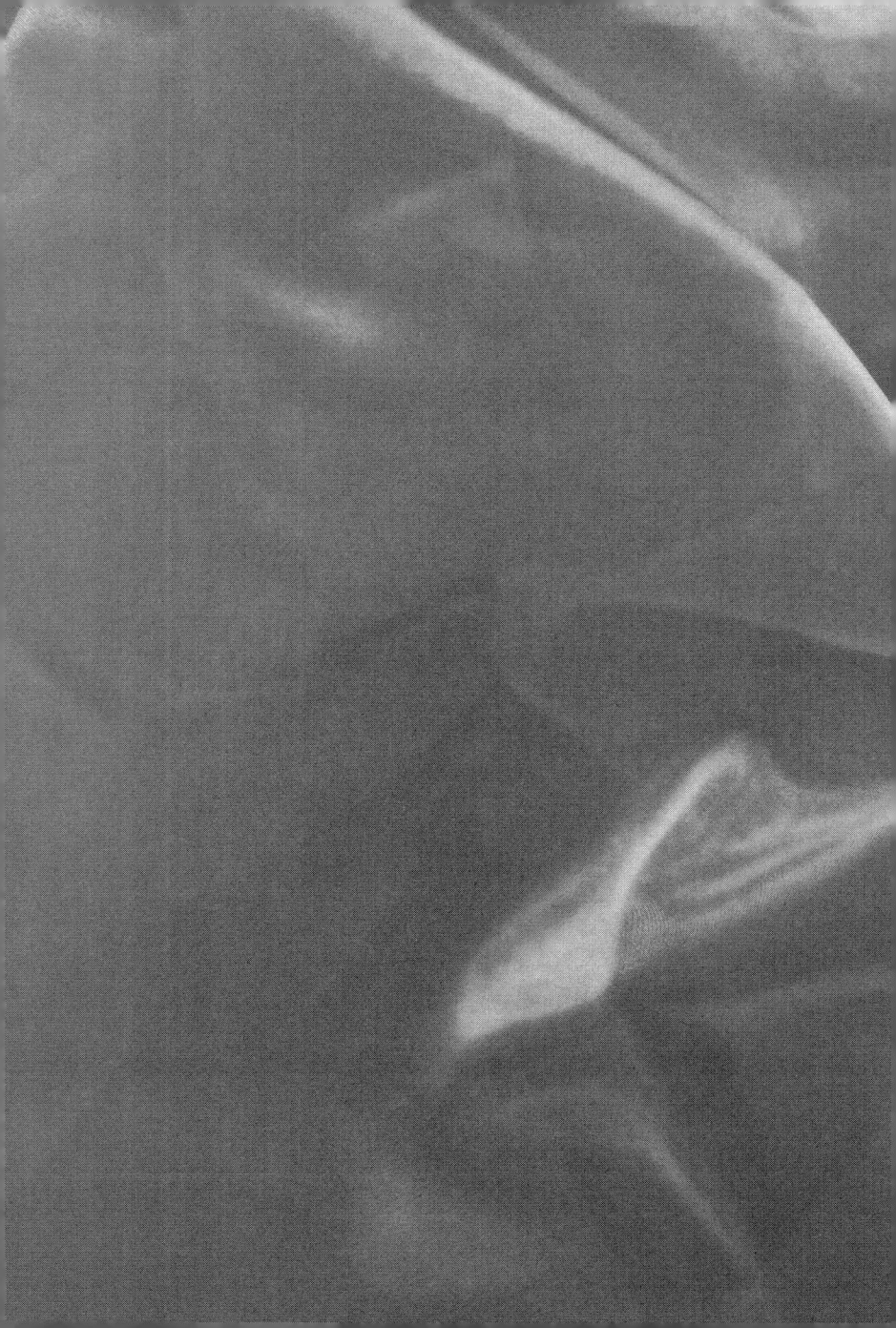

1부
고독한 배아

바람이 불어오는 비 개인 저 하늘엔
무슨 사연이 있길래
울다 웃다 또 흐려질까
비가 나를 적시는지
시가 나를 적시는지
무엇이 나를 이트록
마음 적셔 울고 웃게 하는지

갈등

날선 마음의 끝
아슬아슬한 줄타기가 시작된다.
날과 날이
등 돌리며 서로 마주한다.

가파른 절벽
보이지 않는 힘의 근원이 높다랗게 펼쳐져 있다.
마음의 깊은 골
끊이지 않는 고뇌의 바람이 분다.

고독한 배아

태움으로 비롯된 재는
남김으로 인한 생채기
지독한 아픔 뒤에 젊음의 열기를 즐긴다.

지독한 슬픔 뒤에 오는
지성의 낭만을 달린다.
우리는 많은 길을 되돌아올 줄 알면서도 나아간다.

때로는 그 길이 영원히 되돌아올 수 없는 길이라도.

기형

도시의 불빛이 사라진 지 오래다.
덜컹거리는 소음도 문명에 찌그러진 빛들도 매몰찬 바람에 자리를 내주었다.
기다란 사각의 틀 속에 갇힌 정형화된 인간들의 기계음. 하얀 햇살 같은 웃음이 사라진 지 오래다. 소음처럼 내뱉는 경적 소리 간간히 들린다.

최신형의 경직된 인격체들이 즐비하다. 표정 없는 그들. 그네들의 삶들이 돈의 무게에 짓눌려 일그러져 있다. 기형화된 일상엔 온기마저 다 달아나 버리고 생체리듬엔 활기찬 변화라곤 느끼지도 못한다.

무표정한 이들을 현대인이라 일컬을 뿐.

길 위의 삶

홀로 걸으면
끝도 보이지 않는 머나먼 길
그 길을 두고
무수한 길을 걷고 또 걷는다.
때로는 연인처럼
때로는 타인처럼
홀로 걷다 둘이 걷다 나 홀로 걷는다.

걷지 않아도 가야만 하는 길
가지 않아도 걸어야만 하는 길
그 길 위에
걷다 쉬다 또 걷는다.
언젠가 멈춰 서야 할 그 길
그 길 위에 나 홀로 방황한다.

낯선 사람들

우리는 낯선 문명을 두려워하는 것이 아니라 낯선 문명의 낯선 사람들을 두려워한다.

언제부터인가 우리는 경계의 대상이 힘센 동물이 아니라 내 곁에 있는 내 주변의 사람들을 경계하게 된다.

날선 이빨과 날선 발톱이 아닌 날선 신경에서 오는 낯선 의식의 대상이 경계이다.

나를 의식하고 나 아닌 타인을 경계하고 마음의 문을 열지도 닫지도 않은 어정쩡한 모습으로 사람을 대한다.

나는 나, 너는 너
우리가 함께하지 못하는 비현실감에 몸살을 앓는다.

끼리끼리 뭉치고 끼리끼리 어울리는 것이 아닌 끼리끼리 함께하고 끼리끼리 어우러지는 조화로운 하나가 되어야 한다.

낯선 문명도 낯선 사람도 경계의 대상에서 제외되어 문명의 이기에서 온 낯선 풍광들을 진정 우리 것으로 만들어야 한다.

1부 고독한 배아

도시인

시 낭송 유튜브

도시의 빌딩 숲 사이로 자유로운 영혼이 떠돈다. 젊음이란 정체된 시간에 묶여 어딘가를 목적도 없이 방황하던 삶.

꽤 오랜 시간을 무엇인가 끊임없이 쫓다 자신도 모르게 어딘가에 안착된 서투른 도시인이 서 있다. 까닭 모를 외로움이 불현듯 눈앞을 나선다.

그래도 시간이 이곳에 데려다 놓기 전에는 젊은 피가 역류하듯 가파르게 세상을 타고 올라도 개의치 않았다. 한낱 주름진 시간이 두려워하는 기색도 없이 포근히 감싸 안는 즈음, 생각의 자유를 맘껏 누리고픈 자유로운 영혼이 온밤을 헤매듯 빌딩 숲 사이를 이리저리 빠져나간다.

문명의 이기를 벗어난 어쭙잖은 현생인류

황홀한 밤의 유혹에서 벗어난 한 마리의 늑대
피 끓는 청춘의 사랑을 다 녹이지 못하고 허연 달을 벗
삼아 절규하듯 몸을 비튼다.
긴 머리 날쌘 트끼가냥 갈기를 세우듯 바람에 날리며
허기진 배를 끌어안고 회색 도시의 퀴퀴한 내음을 뒤
로한 채 재빠른 걸음으로 질주한다.
퀭한 눈빛에 덥수툭한 수염, 아직 다 자라지 못한 갈대
마냥 삐죽삐죽 튀어나와 온 얼굴을 들쑤셔 놓았다.
시간이 갖는 한계인가, 아님 시대가 주는 유혹인가
낯선 시간에 낯선 사람들의 무표정함
&
호모에렉투스와 호모 사피엔스를 능가한 인간의 무모
한 이기에 반기를 든 어설픈 현생인류!

비틀거리는 삶 1

우리
술 한 잔 하실래요?
오다가다 만난 우리
그냥 술 한 잔 하실래요?
빈말에 빈 병이라도
마음만 채워주면 되는데
오늘 바람이 차네요.
꼭 시린 내 맘처럼
펑 뚫린 가슴에
바람 하나 막아줄 누구 거기 없나요.
혼술 혼밥에
웬 맘이냐고 묻지 말아요.
딱 한 잔이면 되는데
우리 그냥 술 한 잔 해요.

아줌마
여기 술 한 병에 잔 하나 더!

비틀거리는 삶 2

한 잔의 술을 비우다 잔속을 물끄러미 들여다본다.

지친 일상에서 오는 고단함이 빈 잔의 서글픔에 묻어난다.

쓴맛에 밴 알싸함이 직관처럼 느껴진 기도를 타고 흐른다.

카아!
얼마 만이던가 나 홀로 잦아드는 외로움

술 한 잔에 외르움 반 그리움반 타서 마신다.

고독한 일상에 밴 도회적 삭막함에 파고든 씁쓸함

일회용 밴드같이 떼었다 붙였다 하는 나 일상의 진한 그리움 한 잔

아줌마!
여기 술 한 병 더.

26 · 가끔은 말이야

사색하는 나무

여기 사색하는 한 그루의 나무가 서있다.
추운 겨울이 와도 떨지 않고 맞서는 나무가 있다.
푸른 잎 다 들추어내도 여린 꽃잎 감추어둔 속 깊은 사랑이 숨어있다.
꽁꽁 언 땅 헤집고 봄을 묻어둔 향기를 찾아 땅속 깊은 곳, 꿈을 쫓아 이동하는 한 그루의 나무가 서있다.
겨우내 숨죽여 지낸 생명의 숲에는 옹골찬 삶의 내음이 빼곡히 들어차 있다.

사월

당신을 마주했던 그곳에는 아직도 분홍빛 연정이 봄바람에 하늘거리고 있답니다.
어찌할까요.
골골이 적시는 두견화 울먹이는 먹먹한 사월의 가슴을.

당신을 외면했던 그 시절은 내게는 잔혹한 계절이었습니다. 숨 쉬는 것조차 거북스러워 찢어낸 꽃잎 속에서 싸한 바람에 맞닿은 현실.

잔인한 사월입니다.
어찌하나요.
무릎 꿇은 자를 대신한 두견화 처절한 울음. 누구나 마음속에 계시는 절대자여!

태양의 삶

아침을 여는 열쇠는 어둠의 구멍에서 꿈틀대며 빛을 발해 엉금엉금 하늘을 향해 기어간다. 산과 바다의 그늘에서 벗어나려 온몸을 비틀어 빛을 자아낸다. 땅으로부터 빌려온 기운인가, 하늘로부터 내려 받은 힘인가 솟구쳐 흐르는 격이 예사롭지 않다.

붉은 빛의 영험함이 세상을 밝히려 서둘러 하늘을 오른다.
인생 1막 2장을 담아내려 햇살 사이사이 머무르는 시간 빛이 흐르는 공간에 삶이 묻히고 어둠이 내리는 시간에 인생이 잠든다.
여명의 문이 닫힌다.
막이 내리고 빛의 소명이 다하면 잠든 태양은 침묵으로 일관한다.

지구의 전설

하늘이 출렁인다.
땅이 요동친다.
끝없는 생명의 근간이 흔들린다.

이름 없는 별이 된 너에게 지구라는 이름을 주었다. 별빛 하나에 갖는 푸르름이 푸른 별 지구가 되었다. 먼 우주의 별빛에 빌어 생명의 근원을 심고 그 뿌리에 빌어 이 땅에 우뚝 섰다. 생명의 계보에선 최상위, 그 위상의 서슬 퍼럼에 수많은 생명들이 짓밟히고 사멸해 갔다.

푸르름이 멍든 별.
그 멍든 가슴을 안고도 삶의 의욕은 앞선다. 짓밟지 않으면 내가 죽고 죽지 않으려면 내가 짓밟아야 하는 현실.
그 현실의 벽을 깨부수어 그 옛날 전설처럼 되어버린 푸른 별 지구를 되살리자.

초로

초로에 빛난 별
눈물에 어려 반짝인다.
어둠은 어둠을 낳고
사랑은 사랑을 불태워 밤을 지샌다.
고뇌하는 달빛은 구름 속에 머물고
서글픈 육신은 영혼의 품에 잠든다.

머언 시각
닭 울음소리 산만히 울려 새벽을 일깨우고
저벅저벅
황혼의 발걸음 무거운데
검은 외투
되돌아오지 못할 강 건넌다.

하늘에 이는 바람

시 낭송 유튜브

바람 잘 날 없는 날, 그 중심에 서 있는 삶.
내게 이는 바람은 건전한 바람이다. 조금은 이상한 바람처럼 불고 아니 그냥 순수히 부는 자연 바람에 조금 다른 색깔의 바람이 부는 듯.

바람이래도 꼭 같은 바람은 없다. 같은 바람에 색깔과 모양이 다를 뿐.
바람에 태풍이 분다 해도 그 중심엔 자신만의 고요가 삼매에 들게 한다. 까닭 없는 삶에 존재를 부여하듯.

바람에 실체가 무엇이든 바람이 갖는 의미가 무엇이든 바람은 바람일 뿐.
삶에 이는 바람은 삶의 근원을 흔들어 놓는다. 그 흔들림에 삶도 조각조각 변한다.

사계절의 바람이 살아있다.
그 바람들이 삶을 지탱하고 존재를 부여한다.
삶의 근원인 그 신선한 바람이 좋다.

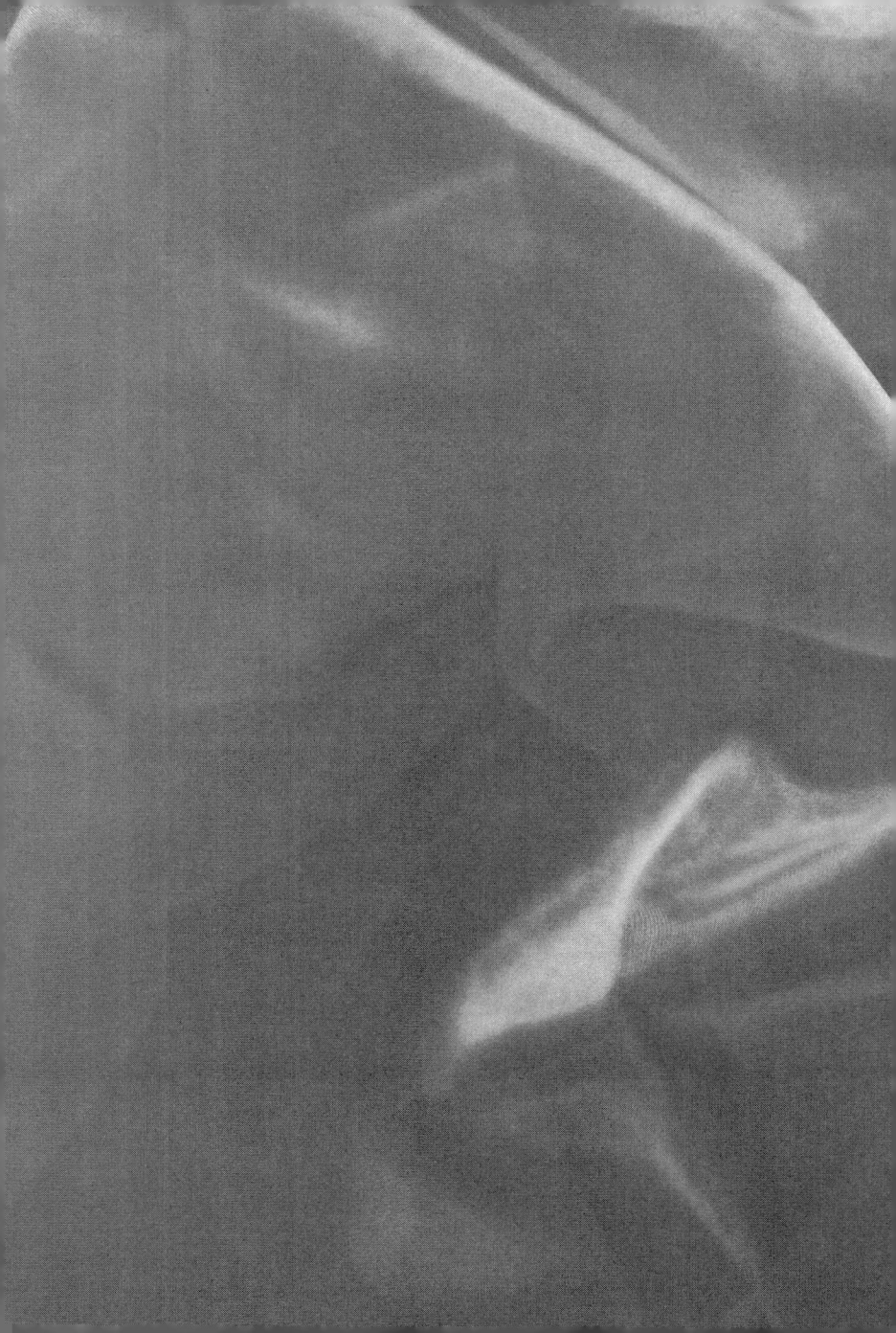

2부
갑 다음에 오는 을

두 뺨에 흐르는 빗둘 같은 삶의 흔적
흐르다 흐트다 만 마른 흔적
가슴 적시다 시린 밤 지샌
눈물샘 메말라 홀로 지선 밤

외로움이 할퀸 상처
훔치다 훔치다
베갯잇 젖어 잠 못 든 밤

갑 다음에 오는 을

황량한 하늘엔 언제 등 비빌 언덕이 있었던가. 하늘 저편에 내몰린 구름처럼 누군가의 바람에 등 떠밀려 자신이 누구인지 언제부터 이 자리에 있었는지 왜 갑과 을의 틈바구니에 끼여 이도 저도 아닌지.

무엇 때문에 그렇게 무기력해져 가야만 하는지. 그 자리가 아니면 갈 데가 그리도 없었을까. 어디에 있든 그 존재감마저 상실해 버리고 무기력한 자신을 어찌하지 못한 채 희미해진 기억 속에 모든 걸 묻어 버렸다.

이리저리 나서지도 못하고 앞도 뒤도 돌아보지 못한 채 체념도 묵인도 하지 못하는 못난 바보가 되어 버렸다. 세상의 약자 아닌 약자로 살아가기에.

자신의 선 자리 하나 온전히 보존하기 힘든 현실 앞에 무릎 꿇고 비굴하게 고개 숙일 뿐이다. 비록 그 자신의 내면은 그렇지 않더라도 적어도 갑과 을 사이에선 그렇게 비춰질 뿐이다.

그렇다고 이렇지 무기력한 현실을 탓만 하고 있을 개재는 아니다. 더더구나 정말 현실이 이렇다면 그 현실을 타개할 극도의 정신무장이 필요하다.

물론 정신무장만 굳건히 해선 답이 없다. 내 스스로의 주권은 내가 지키고 내 스스로의 가치는 내가 살리며. 나 한 사람 한 사람의 힘을 보태 보다 나은 삶에 진정한 의미를 부여하자.

고독사

모두가 떠난 산만한 도시에 눈이 내렸다. 밀려왔다 밀려가 버린 수많은 인파는 어딜 갔을까.
도심을 헤집는 눈보라 속의 차디찬 속살이 벌거숭이 남자를 가둬 버렸다.
외로움을 달래줄 사각의 링 안으로.

문명의 이기심이 탄생시킨 아파트 안에 덩그러니 남겨진 파산 직전의 실추된 아버지의 땅에 떨어진 참담한 권위. 콘크리트 벽으로부터 단절된 부정과 온기 잃은 사각의 방화문이 갈라놓은 냉담한 부부.
가장이라는 이름으로 남겨진 구겨진 자화상을 본다.

버려진 것들에 대한 인격은 없다. 그러나 인격이라 보이지 않는 것을 끄집어낼 필요는 더더욱 없다. 겉으로 보이는 인격의 표면은 거친 박탈감으로 도포된 혼자만의 처절한 침묵이다. 신의 영역을 거스르는 고독이란 공간엔 숨소리 들리지 않는다.

다음 생에도 신의 영역을 벗어난 삶의 경계를 허물어뜨리는 꿋꿋한 아버지로 살겠다.

39・2부 갑 다음에 오는 을

그대여

용기 있는 자 침묵하지 말고 어리석은 자 그 입 다물라!

대의를 위하려거든 세 치 혀를 가두지 말고 소의를 논하려거든 세 치 혀를 놀리지 말라.

무릇 큰 그릇은 무엇을 담기 위함이지 그릇 그 자체로 빛남이 목적이 아니다.

많은 것을 제 것인 양 담으려 하지 말고 적게 담긴 걸 남 탓 하지 말라 그릇이 크면 저절로 담기느니.

난세에 영웅이 난다 하나 본디 영웅은 시대에 의해 만들어지는 법이거늘 저 잘났다 자만 말라.

누가 누구를 영웅이라 칭하며 누가 누구를 호걸이라 부르겠는가. 다 시간이 지난 후에 후세에 그 이름 절로 불릴 것을.

한 치 앞을 못 브는 자 어찌 두 치 세 치 앞을 볼 것이며 작은 일도 돗 하는 자 어찌 큰일을 도므하랴.

제 앞가림도 못 하는 자 어찌 남의 일을 가름할 것이며 제 식구 단속 돗 하는 자 어찌 제 주변 단속하리.

물은 차면 흘러서 넘치기 마련인데 욕심이 차면 흘러 넘치는 법이 없다.

마당은 쓸어도, 쓸어도 다시 어지럽혀지고 마루는 닦으면 닦을수록 칸질반질해지며 사람은 자만하면 할수록 추잡해지고 덕망은 쌓으면 쌓을수록 그 빛이 난다.

미음 빛이 고와야 얼굴빛이 곱고 얼굴빛이 좋아야 만사가 형통하는 법.

비우고 또 비우면 충만해지는 게 사람 마음.

부디 본질을 찾아 자아를 형성하라.

길

눈 덮인 산야 굴곡진 인생길이 그곳에 있다. 마르지 않는 샘물처럼 기다랗게 늘어선 길들이 산허리를 휘감아 끝없이 펼쳐져 있다. 언제부터인가 알 수 없는 누군가의 발자취를 따라 또 다른 누군가가 무수히 닿았을 그 길에 누군가로 불리울 내가 서있다.

처음 맞닿은 그 길이 익숙지 않지만 마치 오래된 기억을 더듬듯 그 길을 가고 있다. 어디로 가는지도 모를 구불구불한 그 길이 끝없이 이어지는 풍광을 보면서 걷고 또 걷는다.

저마다 다른 모습 다른 삶으로 가는 길을 달리하며 함께 가는 것이리라.

어제의 그 길이 오늘처럼 느껴질 때 길은 길로서의 소임을 다하는 것이리라.

내 작은 일상에서 행복을 꿈꾸며

내 작은 일상에서 소소한 행복을 느낀다.
나만의 뜨락에서 꿈꾸고 나만의 공간에서 행복을 만든다.

빠르게 지나는 시간의 틈바구니 속에 자그마한 공백을 만들어
그 속에서 자유로운 영혼의 유영을 즐기며
맘껏 뛰고, 맘껏 소리 지르고, 맘껏 춤추는 나만의 비밀 공간
그 속에 삶의 여백이 담겨 있다.
꽉 차지 않고 적당히 충만한,
분명 모자람이 있지만 정작 모자람이 전혀 없는 윤택한 삶의 뜨락
그곳이 내가 자라고 내가 숨 쉬고 내가 살아가는 나만의 정원이다.

내 삶의 존재의 이유가 분명한 곳,
내가 살아 숨 쉬며 활보하는 곳. 그곳이 바로 빠른 시간 속에 꼭꼭 숨겨 놓은 나만의 비밀스러운 한가로운 일상이다.

뒤웅박 팔자

남들은 다 날 늙은이라 칭하며 할망 할당 하지만 나에게도 의젓한 이름이 있다오!
꽃분이라고.
그 좋은 이름 석 자 두고 제대로 불려본 지가 어언 수십 년, 처음엔 새색시로 불리다가 어느 순간 누구누구 엄마로 불리어지더니 숨 쉴 겨를도 없이 누군가 "아줌마" 하고 뒤돌아보니 날 두고 하는 소리더군.
이젠 날 부르기도 귀찮은지 눈도 마주치지 않고 할망 할망 하며 이웃집 개 이름 부르듯 불러놓고는 대답하면 들은 체도 안 하고 대답을 안 하면 귀먹었다고 지랄지랄 소리 지르고 나 참 더러워서. 이 나이에 성질도 못 내겠고 성질 내본들 나잇값 못 하고 주책만 떤다고 몰아세울 테고.

그 좋은 젊은 시절 그 웬수 같은 남편 놈이 분이 씨, 분이 씨 하며 내 꽁무니를 졸졸 따라다니며 온갖 아양 다 떨 때 고만 깨끗이 차버리고 돈 많고 명 긴 놈으로 골랐어야 했는데.
그깟 놈의 사랑이 뭐라꼬 순진해서 좋다고 떡 넘어간 내가 등신이지.
살아보이 이놈의 팔자 뒤웅박 팔자이던가?
하필이면 고르고 고른 놈이 돈 없고 명 짧은 웬수 놈의 내 신랑
남들은 한평생을 살아도 똑같이 산다는데 난 나 혼자 살아도 그 웬수 놈 산 몫 두 배를 살고도 아직 좀 남아 있으니 좋은 건지 나쁜 건지 마약 독약 빼고 먹는 건 다 먹어도 공짜라고 주는 것 없이 얼른 받아먹는 게 나이더만. 후회해도 후회 안 해도 이 세상에 제일 공평히 나눠 먹는 게 나이인데 지랄도 별 지랄일세. 지들은 나이 안 먹나!
늙으면 다 주책이고 지랄인데.

다들 지 코앞이 지옥문인데 그걸 모르고 누가 누굴 탓하는가?

힘든 여정 굴곡진 인생 억척스러운 삶을 살다 보면 누가 등 떠밀 것도 없이 니들이 내 자릴 꿰찰 것인디. 불을 보듯 자명한 일이거늘 할망 할망 하며 뒷방 늙은이 취급하고 어디에도 끼워주지 않고 회피하는 게 요즘 세태이던가?
혼자 사는 것도 서러운데 늙었다고 괄시하고 여자 취급도 안 하니 이보다 더 슬픈 게 어디 있을꼬.

지금 이렇게 쪼글쪼글 쪼그라든 게 세월 탓이지 어디 내 탓이던가. 그렇다고 내 마음마저 쪼글쪼글해진 건 더더욱 아닐 터 나도 분 바르고 화장하건 요즘 말로 심쿵심쿵 한다오!
아직도 이팔청춘 꽃도 좋고 사람도 좋아하는 분이 맘 한번 알아주소!
나도 한때는 할망 이전에 소녀였고 새색시였고 누구누구 엄마였고 여보 당신 하며 다정다감하게 살던 때가 있었다오.

누군 왕년에 참기름 안 짜고 깨소금 안 볶아 봤남!
쳇.
지금 이렇게 살면서 자식 위한답시고 모든 것 다 내어주고 어디 가도 대접도 못 받고 사는 할망 될 줄 알았으면 그 많은 감투 다 버리고 그 많은 타이틀 따지도 쓰지도 않았을 거요.
나도 이젠 그만 서러워할라요.
그대들도 곧 내 뒤를 따를 테니 외롭진 않겠쥬!

말 1

속된 말로 속된 언어를 내뱉지 말라.
저속한 언어로 저속한 상처를 주지 말라.
너 내뱉는 말속에 가시가 있다면
그건 단연코 상대에게 상처를 줄 것이다.
네 말속의 근원은 남을 흔들지만
네 말속의 줄기와 가시는
또다시 널 누르고 너에게 박힐지니
경박한 말로 경박한 널 만들지 말라.
말의 힘은 곧 널 일으키고 또 쓰러뜨릴 것이니
말은 너로 하여금 너의 편에 설 것이고
너는 말로 하여금 너의 적을 만들 것이니.

말 2

무엇을 위해 입을 열어야 하고
무엇을 위해 입을 닫아야 하는가

삶에 있어 우린 너무나 많은 말을 한다. 하지 않아야 할 곳에 수많은 말을 쏟아내고
정작 해야 할 곳에 입을 쏙 닫아버린다.
물론 사람이 살면서 무수한 말을 하면서 무수한 사람과 말을 통해서 커뮤니케이션하는 게 맞지만 할 말 안 할 말 가려서 해야 하는 분별력이 있어야 한다.
말은 말로서 끝나지만 그 말이 남기는 여운과 파장은 실로 엄청나다. 무심결에 자신이 한 말이 때로는 엄청난 힘으로 자기 자신을 망가뜨리고 남을 망가뜨리며 상대를 죽음으로까지 내몰 수도 있는데 말이다. 말이란 한번 내 입 밖으로 나가면 활시위를 떠난 화살처럼 다시는 돌아올 수 없는데 말이다. 주워 담을 수도 없지만 주워서 건넬 수도 없는데 말이다. 내가 한 말은 힘이 실려야 하며 그 힘에는 책임이 따라야 하는데 말이다.

그저 무심히 내뱉고, 그저 무심히 하는 말이지만 그 말이 사회에 미치는 파장도 고려해야 하며 타인도 배려하면서 해야 한다. 매일 하는 말이지만 허공에 떠도는 공허한 염불처럼 되어서는 안 되는 것이 말인 것이다. 우리 이젠 조그마한 말에 감동받고 조그마한 말에 공감하며 조그마한 말에 행복해하며 위로받는 그런 좋은 말을 입 밖에 내어보자.

우선 나를 위한 말, 우선 타인을 배려하는 그런 말, 그런 일상적인 대화가 필요할 때이다.

요즘 다들 힘들다, 힘들다 하는데 이런 대일수록 서로 좋은 말로 다독거려 주며 위로해 주고 함께하는 사회로 행복해야 하지 않을까.

벗어 던지거나 나아가거나

삶에 안주하는 사람이 있다. 어느 날 그 사람 앞에 놓인 강물이 있고 강 건너에는 너무나 아름다운 꽃이 피어 있고 새가 날아드는 이상적인 땅이 있다. 그런데 물을 건너지 않고 안주하는 사람은 저곳을 가고 싶은데 행여나 물에 옷이 젖지 않을까, 혹시나 빠져 죽지 않을까 아니면 다시 내 자리에 돌아오지 못할까 하고 조바심만 내며 그 자리에서 한 발짝도 발을 못 내딛는 사람이 있다.

그 사람의 삶에 있어 안주하지 않고 강을 건너려면 무조건 그 사람은 물에 한 발씩 담가야 한다. 그래야지만 물에 빠져서 허우적거리며 앞으로 나가든지 수영을 해 나가든지 해서 어떻게라도 강을 건너면 그가 향한 물 건너 이상의 땅에 도착할 것이다.
그것도 아니면 일단은 누군가가 내민 손을 맞잡아 물을 건너든지 그 사람의 등을 밀쳐 일단은 그 사람이 물에 뛰어들게 만들어야 한다.

별에게 전하는 이야기

별아 별아, 넌 어디서 왔기에 그리 곱니! 먼 빛 어둠에 감추고도 그리 곱게 빛나니
널 바라보는 이 설렘으로 가슴 뛴다.
별아 별아, 네 눈이 참 예쁘구나 촉촉이 젖은 눈빛 깊은 맘 감춘 채 그리 곱게 반짝이니 널 바라보는 이 눈이 부시구나.
별아 별아, 네 향기 참 좋구나 단아한 여인의 향기 온 맘에 흩뿌리고 별빛 고운 언덕에 하얀 목련처럼 정갈한 너의 귀품 온몸에 서려 있구나.
별아 별아, 네 빛이 내미는 다채로운 풍광이 참 멋지구나. 금빛 찬란한 밤하늘에 보석처럼 빛나며 어둠을 밝히는 보배 중에 보배로구나!

빨간 거짓말 하얀 거짓말

요즘 우리 사회는 너무나 거짓이 많다.
진실 아닌 진실, 거짓 아닌 거짓. 들키지 않으면 진실, 들키면 진실을 외면한 진실. 참으로 어이없는 세태다. 하지만 이보다 더한 것은 진실 같은 거짓을 관망하고 쉽게 덮으려 하며 빨리 잊어버리는 것이 가장 큰 문제이다. 문제는 풀어야 할 숙제이며 과제이고 꼭 답을 도출해 내야 할 필요가 있는 것이다.

우리 이젠 새빨간 거짓말에 속지 말자.
어쩌다 한 번쯤 하얀 거짓말에 속아 줄 필요는 있겠지만 말이다.

산사에 걸린 번뇌

인연의 등짐을 지고 가파른 산사를 찾는다.
굽이굽이 열린 하늘길 공의 여백이 돋보인다.
비움의 공간인가, 채움의 공간인가
솔가지 바람에 날려 묵은 번뇌 털어낸다.

달 아래 걸린 풍경소리
천년을 울려도 긍은 공이요, 허는 허이로다.
속세에 쌓은 인연 애써 지우려 해도
산사에 오른 번뇌 허공을 맴돈다.

숨어서 운다

하늘엔 눈물이 그렁그렁 맺혀있다.
보이지 않는 샘에도 마음이 있었던가.
매서운 바람에도 눈물짓지 않던 하늘이었는데.
하늘 닮은 난 어디에서 마른 눈물을 훔쳐야 할까.
차창 가엔 눈물 자국보다 더 슬픔의 흔적이 타닥인다.
하루의 한숨이 다 날아가 버리지도 않았는데
슬픔 가둔 하늘에 또 기대어 울고 있다.

영원한 삶의 한계

보라,
저 약속의 땅으로부터 오는 지혜에 범접할 수 없는 자연의 순리를.
알 수 없는 시간의 틀 속에 갇힌 자유로운 영혼의 질긴 생명력.

생명을 담보로 목숨같이 숭배하는 두 발 달린 짐승의 핏빛 서린 절규를.
형언할 수 없는 욕망의 그늘을 벗어버리고 한없이, 한없이 작아지는 삶에 대한 속박.

구속하지 않고 구속당하는 말 하지 않고 말로 해야만 알 수 있는 또 다른 딜레마
끝없는 삶의 속성.

연속에 영속을 더해 흐르는 삶의 한 단락.
흔들리는 불빛에 아로새긴 영혼 없는 짐승의 울부짖음.

잡초

누가 이 작고 여린 풀들을 잡초라 여겨 함부로 짓밟고 뽑아 죽이려 했는가.

누가 이 땅에 난 작고 여리고 낮고 가늘게 피어 사는 치열한 삶에 잡초라 명명하여 하찮고 쓸모없는 존재라 하여 업신여기는가.

모진 겨울 차고 음습한 삶을 등지고 거칠고 황량한 산야를 꽉꽉 채워 온 계절을 푸르고 아름다운 꽃들로 수놓으며 천년만년을 우리가 있을 곳을 대신해 허허한 빈 곳을 채우며 말없이 살아왔던가.

억세지 않은 유한 바람에도 웃음기 머금은 환한 민낯으로 누군가를 살갑게 대하고 찡그리고 못마땅한 심드렁한 얼굴에도 살랑임의 몸짓으로 위로와 안도의 힘을 주는 낮은 들꽃으로 위로해 주지 않았는가.

흔한 풀씨와 고귀한 꽃씨의 근원에 차이를 두지 말고 예쁜 꽃과 예쁜 향기에 현혹되지 말며 청순하고 가련하게 핀 키 낮은 작은 꽃들이 자세히 보면 고고하고 우아한 자태가 예사롭지 않게 보일 때 우린 잡초를 잡초

라 여기지 아니하고 올곧은 마음과 동등한 시선으로
서로가 서로를 따뜻한 가슴으로 안고 살아갈 것이다.

2부 갑 다음에 오는 을

풍류예찬

인생 이러할진대
흐르지 않고 담기지 않는 물이 어디 있으랴

흐르지 않는 물이 어디 있으랴
담기지 않는 연못이 어디 있으랴
흐르지 않고 머무는 바람 또한 어디 있으랴
굽이굽이 흐르는 인생 여정
물이 아니고 바람이 아니고야 어찌 흐르랴

골 깊은 삶도 파인 가슴도 주름진 인생도
시간 위에 굴러가는 바람 같은 것인 것을
흐르고 흘러 사그라들고 끝간데없이 소멸하고
물처럼 바람처럼 그저 스치듯 지나가는 것일지라
애써 머무른들 애써 머물라 한들 애달파 무엇 하리

잠시 흘러가며 머물고 잠시 쉬어가며 담기고 넘쳐흘러서
또다시 쉼 없이 어디론가 떠나야 하는 것이 인생이거늘

흐르지 않고 담기지 않음 어디로 흘려보낸단 말이더냐!
무심히 흐르는 시간에 몸을 맡겨 그저 흘려보내면 될
것을.
물처럼 바람처럼.

2부 갑 다음에 오는 을

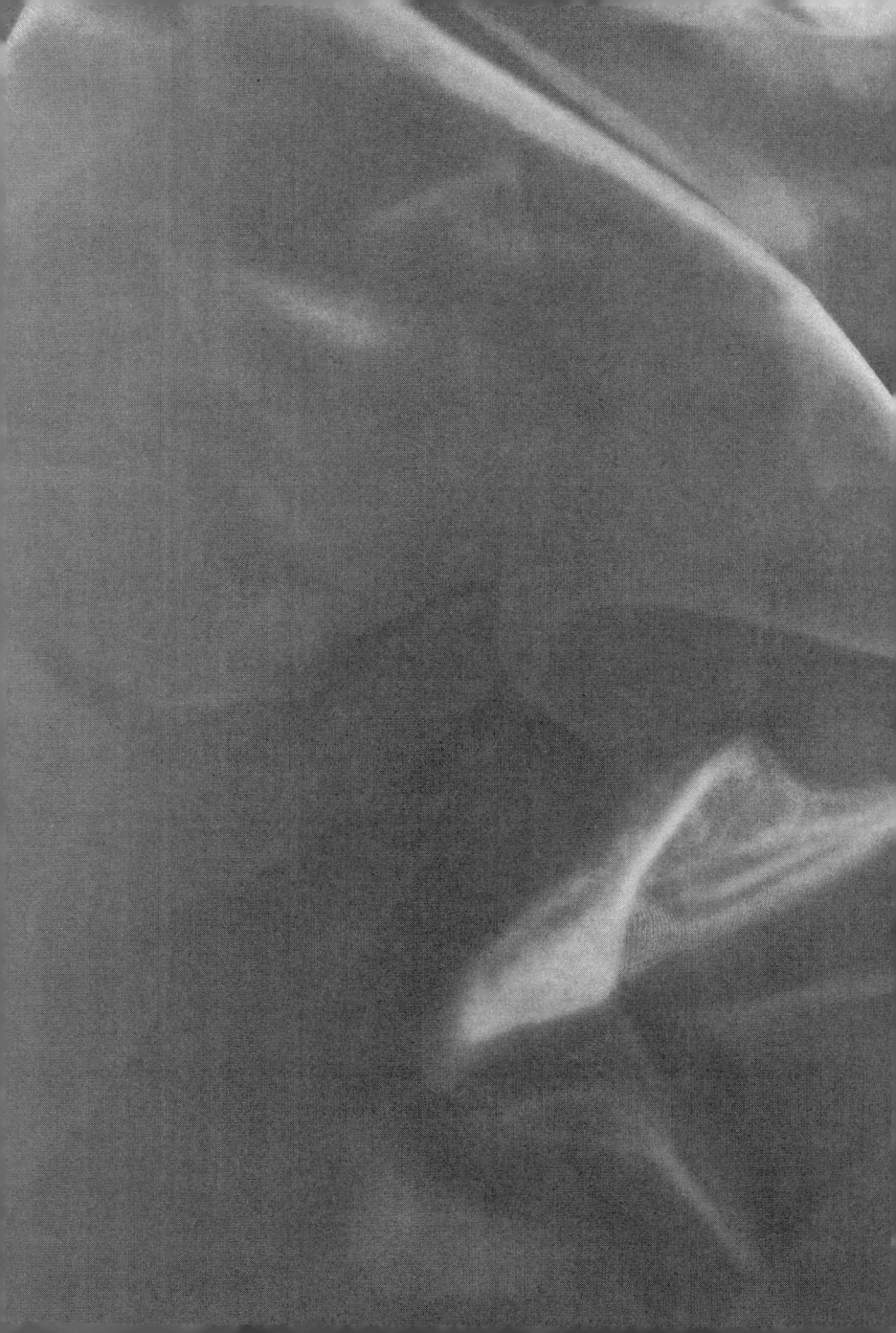

3부

기억의 저편

몽롱한 의식 속에서 가물거리며 보이는 것
사랑하는 사람의 멀어져 가는 희미한 뒷모습뿐.
좋은 것은 너무 가까이 보는 것도
너무 멀리서 보는 것도 아니다.
각도라는 것은
드러나는 것이 아니라
보여지는 것이다.

기억의 저편

애써 잊으려 해도 잊을 수 없는 기억, 그 기억의 저편에 또 다른 기억이 있다.
열리지 않는 시간의 수수께끼처럼 풀리지 않은 의문이 똬리 틀듯 기억의 끈들이 서로 얽혀있다.

혼합된 기억의 복합체는 융합되지 않은 각기 다른 구성 비율로 우뇌 좌뇌 어딘가에 틀어박혀 불쑥불쑥 솟아오르다 가라앉는다.

유리알처럼 작은 파편의 기억들, 흐린 동공에 부서져 반사된다.
가물거리는 빛 사이로 잃어버린 기억이 되살아난다.

너의 하루

하루를 깃털처럼 가벼이 여긴다면
천년을 하루같이 산다 한들 무슨 소용이 있겠는가.
하루의 행복을 하루에 담지 못하면 일생의 하루도 하루에 여기지 못할 터
그대 얼굴에 잠시 머문 행복은 한낮에 내비치는 눈부신 햇살일 뿐
하루의 어둠이 몰려오는 것이 어찌 햇볕을 가리려 왔겠는가.

어둠과 밝음이 서로 공존하지 못함은 서로의 실체를 분명하게 해주기 위함일 터.
그대가 거울 앞에 선 것처럼 그대 마음이 그대 앞에 서 있는 것은 서로 마즈하는 대상이 그대 마음이기 때문이야.
이런고로 모두가 다 그러하니 하루의 일상에 그 하루의 행복을 채움이 어떠한가.

눈 오는 날에

눈이 오는구나, 그래 눈이 와.
하얀 꽃눈이 나뭇가지에 걸리면 사랑은 또다시 시작되지.

그래 작년 이맘때쯤에 구름 위에 떠도는 작은 바람에게 사랑의 씨앗 하나 심어달라고 했었지.

언 맘 언 몸에 빈 마음이라도 사랑을 전해줄 누군가를 만난다면 바람에게 고맙다고 해야겠지.

새하얀 담벼락 위에도 높다란 지붕 위에도 마음을 꼭꼭 눌러 손도장이라도 찍어둬야겠다.

먼 바람 지나다 나의 맘 확인해 주겠지. 별 보며 그대 기다리는 그 섬에서 우리 사랑을 하고 싶다고.

하루의 날에

시 낭송 유튜브

태양의 온유함으로 하루를 보낸다. 하얀 쪽파 같은 시간의 영역.
그 속에 살을 묻고 사는 우리는 빗장 주머귄 삶의 한 어귀에 덩그러니 서있다.

완전한 지구의 끝 그 땅위에 온전한 뿌리도 없이 위태롭지 않은 날들을 기억하기엔 너무 빨리 돌아가는 지구를 품에 안고 산다.

겉옷 한 장을 의지한 채 부끄러운 알맹이 속에 뭔가를 감추고 물질 만능의 늪 앞에 허우적거리며 태양이 만들어 놓은 시간의 궤적을 연유도 모른 채 따라 돈다.

햇살 따스한 온유함으로 망각하는 자아에 돌을 던져 무엇 하랴. 하나의 파장이 수없는 원을 그리며 끝도 없이 펼쳐지는 게 일상이거늘 더불어 섞이지 않는 날은 없을 터.

돌고 돌아 다시 서지도 못할 하루를 원망해 무엇 하랴.
빗살 가르는 환한 날에 주어진 책무에 최선을 다하고
더불어 사는 마음에 감사를 전하면 그뿐.

머리에서 발끝까지

나의 머리는
여러 가지 생각을 하나로 모으려 함에 하나이다. 잡스러운 생각을 금하고 많은 생각 중에 한 가지 생각의 현명함을 모으기 위함이다.

나의 두 눈은
무엇을 볼 때 어떤 대상을 두 눈으로 보아 비교하여 균형을 이루어 한곳으로 보고자 함이지 두 대상을 견주어 평가하기 위함이 아니다.

나의 두 귀는
모든 소리를 한쪽 귀로 듣고 한쪽 귀로 내보내려 함이다. 열린 귀로 듣고 생각하여 걸러져 남긴 것을 내보내기 위함이다.

나의 목은

내가 보고픈 나의 시선을 내 눈 안에 최대한 많이 두기 위함이요, 뒤로 완전히 돌리지 못함은 불완전한 자유를 활용하여 완전한 자유를 얻고자 노력하려 함이며 또한 방심하지 말라는 의미를 부여한 것이다.

나의 두 팔은

무엇을 안으려 함이지 무엇을 밀치려 안으로 굽진 않았다. 사랑을 안고 사람을 포용하고 모든 것을 내 두 팔로 감싸안으려 함이다.

나의 몸통이

하나인 것은 하나의 그릇에 여러 가지 기능을 담으려 함이다. 많은 기능을 한곳에 담아 효과적인 대응을 하고자 함이다.

나의 두 다리가
두 개인 것은 튼튼한 두 다리로 모든 것을 받쳐 들어
굳건히 세우기 위함이다. 신체 각 부분의 중요함을 알
고 한곳에 치우치지 않고 균형을 잡아 제 역할을 다하
려 함이다.

나의 손가락 발가락이
각각 열 개인 것은 열의 힘을 모아 하나의 힘으로 만들
기 위함이다. 열 가지 일들을 하나로 하여 일사분란하
게 무슨 일이든 빨리 처리하기 위함이다.

나의 발가락 역시
열 개의 힘을 도아 두 개의 다리에 힘을 보태려 함이고
두 다리가 균형을 잡고 걸어가는 데 불편함이 없드록
그 역할을 충분히 하기 위함이다.

바람

진한 침묵으로 하늘의 기운을 받들었다.

하루를 여는 여명의 눈동자 붉은 핏발로 일어선다.

온 누리에 비친 햇살 희망의 불길 되어 나부낀다.

바람이 머물지 않는 곳에는 물결도 일지 않는다
— 당신의 인생은 어떠한가요! —

바람이 머물지 않는 곳엔 물결도 일지 않는다.
우리의 일상이 늘 한곳에 머무는 것은 아니다, 조용한 연못에 물이 고이던 어디론지 끊임없이 흘려보내야만 살아 있는 연못이 된다. 조그마한 연못이지단 그 연못 안에는 수많은 생명을 안고 산다. 물이 흐르지 않는 연못은 생명이 다한 연못이다.

우리의 삶에 있어 작은 연못처럼 끊임없이 뭔가를 내보내고 다시 채워야 한다. 새로운 것이든 새롭지 않은 것이든 무엇인가 담기고 버려져야 내가 살 수 있는 것이고 내 안의 모든 것들이 살아 숨 쉬는 것이다. 작은 연못에 바람이 일어 물결이 일듯 우리네 인생의 작은 연못에는 쉼 없이 바람이 불어 진정 살아 있는 연못이 되어야 한다.

뿌리 1

내 안의 뿌리
그 흔들림은 바로 사랑

흙처럼 다져진 내 마음에
곱디곱게 사랑의 뿌리를 내렸는데
단비 맞은 날도
햇살 곱게 부서져 내려앉은 날도
너로 인해 숨 쉴 수 있다는 것은
우리들에겐 참 행복이었는데
근원 없는 마음에 근본 없는 우리
본성의 틀에서 자유로운 유영으로 사랑을 꽃피웠는데
한때이긴 했지만 한 번으로 피다 진 청춘
사랑의 전선에 이상 무였다면
우리 뿌리의 근간은 젊음을 사랑했기에.

뿌리 2

바람은
어인 바람
바람에 흔들릴 내가 아니지

내 안의 나, 나만의 자존감
넘치듯 넘치지 않은 듯 자족한 마음에 행복만이
흐르는 물결의 작은 개울목 멈춘 듯 멈추지 않은 듯

시간을 거슬러 흐르는 물결이 어디 있을까
흩어져 퍼지는 구름의 오묘함
한 점에 한 점 더하여도 흔들려 부러지지 않아도
내 안에 안주하는 마음 하나뿐.
삶의 이유

삶이 촛불처럼 흔들렸다면 그건 분명 바람이 불거나
곧 꺼져갈 운명 앞에 놓인 것일 게다. 내 눈에 눈물이
나지 않는 건 아마도 명백한 이유가 둘 이상 있었을 것

이다. 삶에 있어 아무리 사방이 캄캄하다곤 하나 어두울수록 별이 빛나듯 분명 이유 있는 희망이 내 주변에 있었으리라.

앞을 보고도 앞이 보이지 않을 때 옆을 보아도 옆이 잘 보이지 않을 때 절망하여 주저앉더라도 희망의 불씨만큼은 꺼트리지 말자. 절망과 희망은 교차하여 흐르는 것, 그것이 끊이지 않고 단절된 것이라면 절대 흐르지 않고 교차하지 않는다.

희망 뒤에 절망, 절망 뒤에 희망
그 끝없는 연속이 우리네 삶, 이유 없는 단절은 분명 없을 터.

<u>스모그</u>

내 삶에 여유로움은 없다.
단지 삶의 느슨한 공간 사이로
나도 모르게 흐르는 묵언의 침묵이 존재한다.
어느 날 갑자기 동떨어진 생활에 익숙해진 나
마치 빛이 소멸하다 떨어진 옅은 잔상의 긴 여운 같다.

보이지 않는 터널의 끝에 내걸린
희망이라도 상상하는 걸까
주름진 시간에 연막처럼 피어오른 한 줄기 빛.
생각의 굴레에 각혈을 하듯 꾸역꾸역 올라오는 그것
내면에 퍼진 슬픔 사이에 또다시 침묵의 공간이 파고
든다.

오해

서로 마주하는 두 마음이 있습니다. 닫지 않으면 열어두어야 하지요.
서로의 마음에 빗장을 걸면 마주하는 둘의 가슴엔 아무것도 담기지 않아요.

혹여
서로의 마음을 기웃기웃 엿볼라치면 닫혀진 마음은 더 굳건히 잠겨버려요. 어쩔 수 없는 오해에서 비롯된 참 한심한 마음이죠.

잠시
머뭇거린 시선마저 차가워져 어쩔 줄 모르죠. 싸늘하게 식어버린 마음이란
만년설보다 더 차가워 좀처럼 녹지 않아요.

한번
잠긴 마음의 자물쇠는 스스로 풀지 않으면 도무지 열리지 않아요. 어느 순간 자신도 모르게 스르르 풀릴 때도 있지만.

오해란
작은 감정에서 비롯된 자그마한 씨앗에서 시작되죠. 물론 상대가 없으면 오해란 있을 수도 없는 거죠.

온 누리에

오늘 한 줄기 빛이 희망의 불꽃처럼 피어오른다.
동녘 하늘에 물드는 붉은 빛들이 우물의 물을 긷듯 새로운 날들에 퍼 올린다.

붉은 태양은 생명의 빛깔을 온 누리에 퍼트려 들뜬 가슴을 눈 안에 펼쳐든다.

우리 이제 지난 일들은 추억의 시간 속에 묻어 버리자.
좋은 일들은 기억하고 나쁜 일들은 추억의 저편에 던져 버리자.

"아침의 햇살이 퍼져 우리의 가슴에 내리면 긴 태양은 심장의 고동소릴 더 높이겠지."

천경

하늘처럼
맑고 밝게 빛나는 거울을 보았다.
겉보다는 속이 더 반짝이는
맑고 투명한 거울을 보았다.
가까이 보아도 눈이 부시지 않고
멀리서 보아도 색이 바래지 않는
그윽하고 은근한 미소로 반짝이며
온 맘을 사로잡는 마법 같은 온유의 빛.

어느 가을날
따사롭던 햇살에 녹아내린
감잎의 고운 언어가 작은 연못의 수면 위를 스치듯 지나갈 때
물에 비친 하늘의 고운 그녀의 자태를 천경이라 하였다.

푸른 영혼

별빛이 가슴에 머문다.
늘 푸른 가슴에
까만 눈동자에 투영된 그 빛
새벽이슬의 작은 영혼처럼
찰나의 순간을 살다 사라진다.

별빛이 또 가슴에 머문다.
늘 푸른 내 가슴에
어제의 그제, 그제의 그제
별빛은 잔뜩 부푼 가슴을 데우다 말고
또 사라지다 가슴에 머문다.

늘 푸른빛을 띤 그녀의 영혼처럼.

하루를 여는 그대에게

하루의 아침을 여는 그대
그대들은 그 아침을 채우는 주인공들입니다.
간소한 아침에 간편한 옷차림에 해맑은 미소까지
아침 햇살처럼 빛나고 화려한 무대를 책임질 그대는
확실히 오늘의 주인공임에 틀림없네요.
인생은 연극처럼 인생은 연습처럼 화려한 삶의 화려한
1막 2장

그 화려한 인생의 주인공이 바로 그대들이라면
어찌 무대 밖에서 바라만 보시려고 하세요.
하루를 여는 천금 같은 시간에 그 소중한 시간들을
꼭꼭 채워가는 그대는 인생의 연극배우

이제 두려워하지 마세요.
피하지도 외면하지도 마세요.
하루의 아침을 여는 눈부신 햇살처럼
당당하게 자신의 무대에 발을 디뎌 앞으로 나아가세요.

이제 당신은 당신의 당당한 모습을 가진
진정한 자아를 실천하는 인생의 주인공입니다.
무대 밖에 서 있는 관객보다
자신의 무대를 책임지는 멋진 주인공이 되세요.

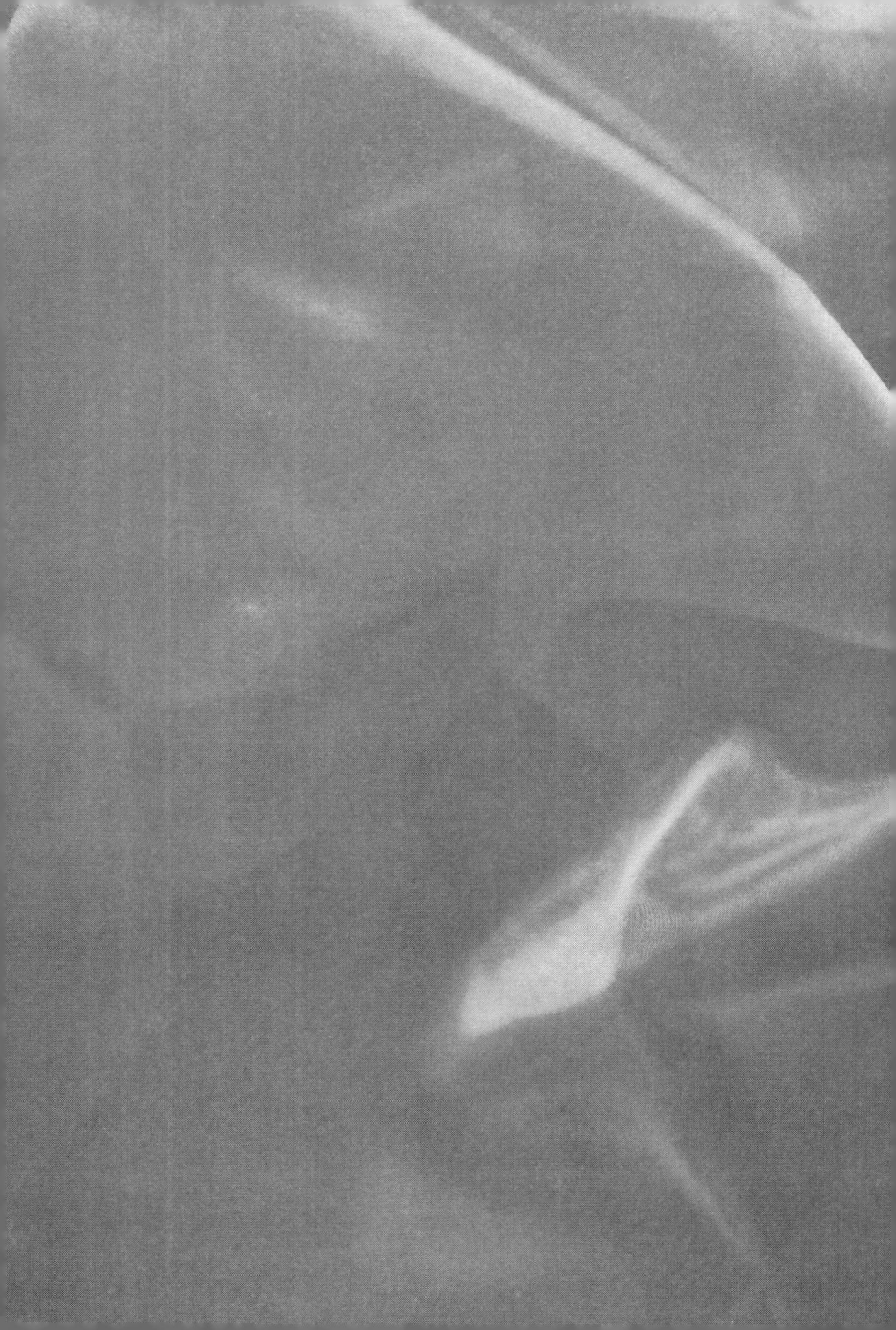

4부

눈빛과 별빛에
기댄 삶

지금 이 순간에도
일어나는 작은 기적들
빠른 발걸음 멈추고
잠시 일상을 들여다볼 필요가 있다
우리가 미처 알지 못했던
예기치 않은 기적들의
소소한 행복

꽃무릇

한 계절 다 태워 도려낸
절절한 붉은 가슴
외마디 몸뚱이에 꽃불이 주렁주렁
어찌하리까 어찌하오리까

흔적 없이 사라져 외로이 남겨진 이 길
붉은 화염 만개하여 만나지 못하고
잎으로 환생해 아득히 멀어져 버린
우리 고운 님 어찌하리까 어찌하오리까

이루어질 수 없는 한 많은 사랑에
붉은 염원 불태워 재가 되어도
천년을 살리오 만년을 피우리오
어찌하리오 어찌하오리까

눈빛과 별빛에 기댄 삶

삶이 당신의 눈빛처럼 맑게 빛난다면
그 삶에 별빛처럼 고운 사랑을 펼치리라.
짙은 어둠이 당신을 더욱 빛나게 하듯
삶의 무거운 짐들이 당신을 더욱 강하게 하리라.
지혜로운 자 향기로 말할 것이며
우매한 자 몸으로 말할 것이니
당신의 눈빛에 담긴 그 빛이 별빛을 이끄는 힘이 되리
라.
지친 삶에 고개 숙인 자
눈빛 또한 빛나지 못할 터
고개 들어 하늘의 빛을 헤아리지 못할지니라.

눈빛과
별빛을 헤아려 아는 자
삶의 고뇌를 지혜로운 빛으로 어둠을 밝힐지니.

너와 나 1

널 만난 건 우연이었지.
하지만
날 사랑한 건 필연이었어.
너와 나
우연과 필연 사이에 방황할 건 없어.

사랑과
우연엔
운명이란 끈으로 묶여있었지.
처음부터
아니
지금까지.

우연에
우연이 겹쳐
필연이 되어버린 우리 사랑.
영원이란 단어에

영혼이란 말 덧씌우면 어때.
영원히 쭈—욱.

4부 · 눈빛과 별빛에 기댄 삶

너와 나 2

내 눈 안에 너 있다.
피—
거짓말.

내 눈앞에 너 있다.
응—
정말.

내
눈앞에 서있는 넌
내 눈 안에 담긴 너.

내 맘속에, 내 맘밖에
언제나 넌 서있기만 했는걸.

왜

그러고만 있지.

난 언제나 내 듣 활짝 열고 기다렸는데.

내 앞에 있건 없건

내 맘에 있건 없건

난 언제나 널 내 눈 안에 담고 살았는데.

너와 나 3

우리 이제 눈으로 말할까
그냥
촉촉한 눈빛 하나로 사랑을 전할까.
가슴 떨리는 전율만으로
눈가에 어린 이슬만으로
그것만으로 우리 충분하지 않을까.
혹시
널 바라보는 눈빛 하나에
슬픔만 어려 있음 어떡하지.

어쩌다 한 번
마주치면
멍한 눈으로 먼 산 보기 없기.
그냥 바라만 보아도
한없이 좋은
느낌 하나로 서로의 마음을 바로 아는.
처음 그대로

첫 느낌 그대로 서로에게 다가서는

그런 사랑 어때

너와 나 4

꽃이
아름답다 했죠
꽃보다 아름다운 건 너인데 말이야.
조그맣게 입술 파르르 떨며 전해준 말

"사랑한단 말이야."

눈으로 보는 그리움
꽃잎 속에 다 담겨 있을 텐데
잠시 꽃잎으로 화한 넌
입술 오물오물 씹고 있지
입으로 못다 한 말 향기로 전해오지.

꽃보다 고운 넌
햇살 닮아 더 눈부시지.
별빛도 숨죽이는 오늘
넌 꽃보다 더 예뻐.

"가슴 떨려."

님 그림자

그리운 눈빛 아직 남아 있는데 타는 황혼이 아직 꺼지지 않았는데
지는 해의 이끌림에 어둠 속으로 숨어 버렸나
당신의 따사로운 눈빛이 양지바른 봄날의 아침 햇살처럼
아직은 포근하게 내 몸을 감싸안건만

지는 꽃잎에 싸한 바람처럼 당신의 온기를 앗아가고
멍한 시선에 엉기는 눈물 한 방울은 선철들의 붉은 빛인가
불타는 그리움의 잿빛 하늘이련가
어둠에 잠식당한 님 그림자 가파른 비탈길을 서둘러 넘어가고
희뿌연 눈가에 맺힌 당신의 잔상

그리움 하나 가슴을 후벼 판다.

뭐 아니면 말고

사랑을 족쇄처럼 옭아매선 안 된다.
이별을 굴레처럼 여겨서는 더더욱 안 된다.

"사랑과 이별은 자연스러운 사랑의 행위에 대한 결과이기 때문이다."

사랑과 증오는 하나이며 한 몸에서 태어난 형제임을 부인할 수 없다. 결국 한 몸에서 나 각각 성격이 다른 형제처럼 자연스러운 하나의 형태이다. 마치 동전의 앞뒷면처럼 각각의 면이 어느 곳을 향하냐의 문제이다. 사랑과 증오의 행위에 대한 결과는 서로 다른 경우의 수를 가지고 있을 뿐.
아프고 쓰라림은 같으나
"둘 다 돌이킬 수 없는 잔류물을 내재하고 있다."

삶

우리네 삶이 다 그러하듯 그냥 그렇게 살다 가련다.
바람 한 자락에 흩어질 인생 그냥 그렇게 살다 가련다.
부귀도 명예도 다 부질없는 헛된 바람 그냥 그렇게 살다 가련다.
햇살 한 자락에 녹아내릴 인생 그냥 그렇게 살다 가련다.
살다 살다 삶이 지겨워질 때 그냥 그렇게 살다 가련다.
인연 한 자락 다 안아 내지도 못할 인생 그냥 그렇게 살다 가련다.

어느 날 꿈 1

어젯밤 꿈속에서 당신을 보았어요. 긴 생머리에 파란 치마 생글거리는 옛 모습이 마치 살아있는 요정같이 내게 달려오더군요.
난 너무나 기뻐서 한달음에 달려가 당신을 안으려 했죠. 정말 꿈인데 꿈이 아니기를 몇 번이나 외치며 혼자 주문을 외우듯 미친 듯이 중얼거렸답니다.
제발 꿈이 아니었으면, 제발 이번만큼은 이게 현실이기를. 당신을 그리 보내고 나란 사람 살아도 사는 게 아니었어요.

후회와 번민이란 말
내게는 과분한 변명에 불과하단 걸 이제야 깨닫게 됐네요.
매일매일 살아 있는 게 고통이란 말 거짓이 아니란 걸 왜 이제야 알게 됐을까요.
함께 있을 때 좀 더 잘할걸, 같이 있을 때 좀 더 안아주고 사랑해 줄걸, 보고 싶어도 보지 못하고 안고 싶어도 안지 못하는 난 분명 무자격 사랑 바보인 거죠.

당신을 사랑할 자격도 없는 내게 꿈속에서나마 당신이 찾아와 너무나 감사해요.

당신을 볼 수 있다는 것만으로도 난 충분히 행복해해야겠죠.

만일 천국의 계단이 내 눈앞에 놓인다면 난 기꺼이 당신을 위해 달려가겠어요. 당신이 가있을 천국의 계단 앞에서 당신을 위한 기도를 하겠어요.

당신이 천국에서 나보다 더 많이 사랑해 주고 나보다 더 행복하게 해 주는 사람 만나

정말 행복하게 잘 살아달라고. 그래서 당신 마음이 내 곁을 떠나 영영 꿈속에 찾아오지 않을 만큼 행복해지라고.

어느 날 꿈 2

기지개를 켠다. 햇살이 눈부시다. 조그맣게 뜬 실눈 사이로 누군가의 얼굴이 아른거린다. 아직 잠에 취한 마음이 몽롱하다. 내 사랑 그녀일까.
그냥 반가운 마음에 얼굴을 끌어당겨 살포시 입을 맞추며 안아준다.
앗 무슨 느낌이 이래.
뭔가 까칠까칠 뻣뻣한 게 이상해. 매일 비비는 살가운 느낌은 어디 간 거야. 풋풋한 내음도 없고. 깜짝 놀란 난 실눈을 번쩍 뜨고 두 눈을 동그랗게 모은다.

에이 믝야!
할머니가 왜 내 방에 있어!
히히
난 그냥 밥 먹으라고 우리 손주 깨우러 왔다가
너무 귀여워서 안아주려 했는데.
네가 막 날 끌어안고 입 맞추고 뽀뽀하는 바람에.

울 오매 1

오뉴월 등 휜 밭고랑에 울 오매가 앉아있다.
새까만 얼굴에 타는 햇살 마주보며 자식새끼 위한다고 온 인생을 밭고랑에 굴린다.
길가 묘똥* 위 똥강아지 응애응애, 두 눈 휘둥그레 한 걸음에 팔짝팔짝.

땀내 물씬 풍기며 옷고름 홀홀 벗어젖히고 내 강아지 배곯아 울까 봐 노심초사하시며 젖통 둘을 꺼내든다.

물컹한 젖가슴 한 손에 부여잡고. 단내 나는 어미젖을 한입 가득 베어 물어 입안이 꼬물꼬물 어미 사랑에 눈빛을 보탠다.

* 묘똥: 묘, 봉분, 무덤 등을 뜻하는 전라도 사투리

울 오매 2

달빛이 홀로 잠든 이 밤
외롭지 않으려고 편지를 씁니다.
몇 번을 쓰다 지운 당신의 이름
하얀 종이 위의 세 글자. 눈물 몇 방울.
지우다, 지우다 가슴에 새겨진 당신의 이니셜.
오늘 또 당신을 그리며 하얀 밤 빨갛게 지새우겠죠.

시린 손끝 아랑곳 않고
시린 가슴 홀로 여미며 뿌우연 눈물 훔쳐내지요.
외롭다 못해 서러운 가슴
울컥울컥 울음들 토해내는 긴긴밤.
동틀 무렵 새벽 달빛이 잠에서 깨어나
시린 눈 비비며 슬피 울죠.

이혼

꿈엔들 그리울까
사랑
그딴 게 뭘 중요하다고 어차피 헤어진 마당에 둘이 죽고 못 살아 결혼했건만
서로 죽지 못해 살다가 서로 남남보다 못하게 됐지
그 죽일 놈의 사랑
뭐, 물릴 수도 없지만 꼭 물리고 싶은 게 사랑이야
사랑할 땐 아무것도 아니지만 헤어질 땐 꼭 챙기는 게 돈이야
팽팽한 긴장감이 돌곤 하지
지랄 같은 사랑, 염병할 놈의 정 그것 때문에 참고도 살았지

결혼 그것!
해도 후회 안 해도 후회라지만 그래도 하고픈 게 결혼이야
이혼 그것!

아무나 하는 게 아닌데 말이야 꼭 하고 나면 잘했다 싶지
좀 외롭긴 하지만
지 잘난 맛에 살다
나 잘난 맛에 깨지는 게 이혼이야
물론 헤어지면 남남이지만 남남 같지 않은 결혼 생활
그것, 아무나 못 해

그래!
있을 때 잘해 줄 할 때 고마워하고
사실 이혼 그거 어쩔 수 없는 운명의 장난이야

잔느*에게

나른한 오후 햇살의 정겨움이 가지런하게 펼쳐진다.
더운 입김으로 후우 후
한 잔의 커피 향에 취해본다.
달싹이는 바람이 담쟁이 잎의 외마디 비명을 들려준다.
달랑 한 장 남은 달력 한 편에 비켜선 빨간 동그라미
누구의 무슨 의미로 남겨진 날일까 기억이 가물가물
며칠 남지도 않은 날들에 꼭 매달려 떨어지지 않는다.

앗 아뿔싸
그녀에게 선물할 그날의 그날이었지.
햇살 닮은 뽀오얀 목에 걸어줄
그녀에게 사랑 목걸이 전해주는 날.

* 잔느: 모딜리아니의 연인으로 모델이 된 그녀의 목은 깨끗하고 길게 표현된다. 모딜리아니의 인물화는 대부분 긴 구도로 그려졌다.

조건 없이

사랑의 조건은 까다롭지 않아요.
맘 하나 더하고 마음 둘 나누면 그게 바로 사랑이에요.
내 것을 지키고 내 것을 아끼고 내 것을 나누는 게 사랑이에요.
사랑은 내 것이 아닌 우리 둘, 네 것이 아닌 우리 둘
네 것 내 것이 아닌 우리 둘의 것 이것이 사랑이에요.

사랑은 너, 나 으리가 되는 것, 그게 바로 사랑이에요.
주는 만큼 받고 받은 만큼 주는 것 사랑이 아니에요.
그것은 거래일 뿐 사랑이 아니랍니다. 사랑은 주어서 기쁘고 받아서 즐겁고 주고받음에 부담이 없는 것이 사랑이에요.

사랑
누구나 다 하는 게 사랑이지만 아무나 다 할 수 없는 게 사랑이에요.
주어서 기쁨을 느낄 수 있는 게 사랑이에요. 조건 없는

사랑, 무조건적인 사랑 이거 다 좋지만 남녀 간의 사랑은 서로 주고받으며 조건 없이 나눌 수 있는 사랑.
이게 딱 좋아요!

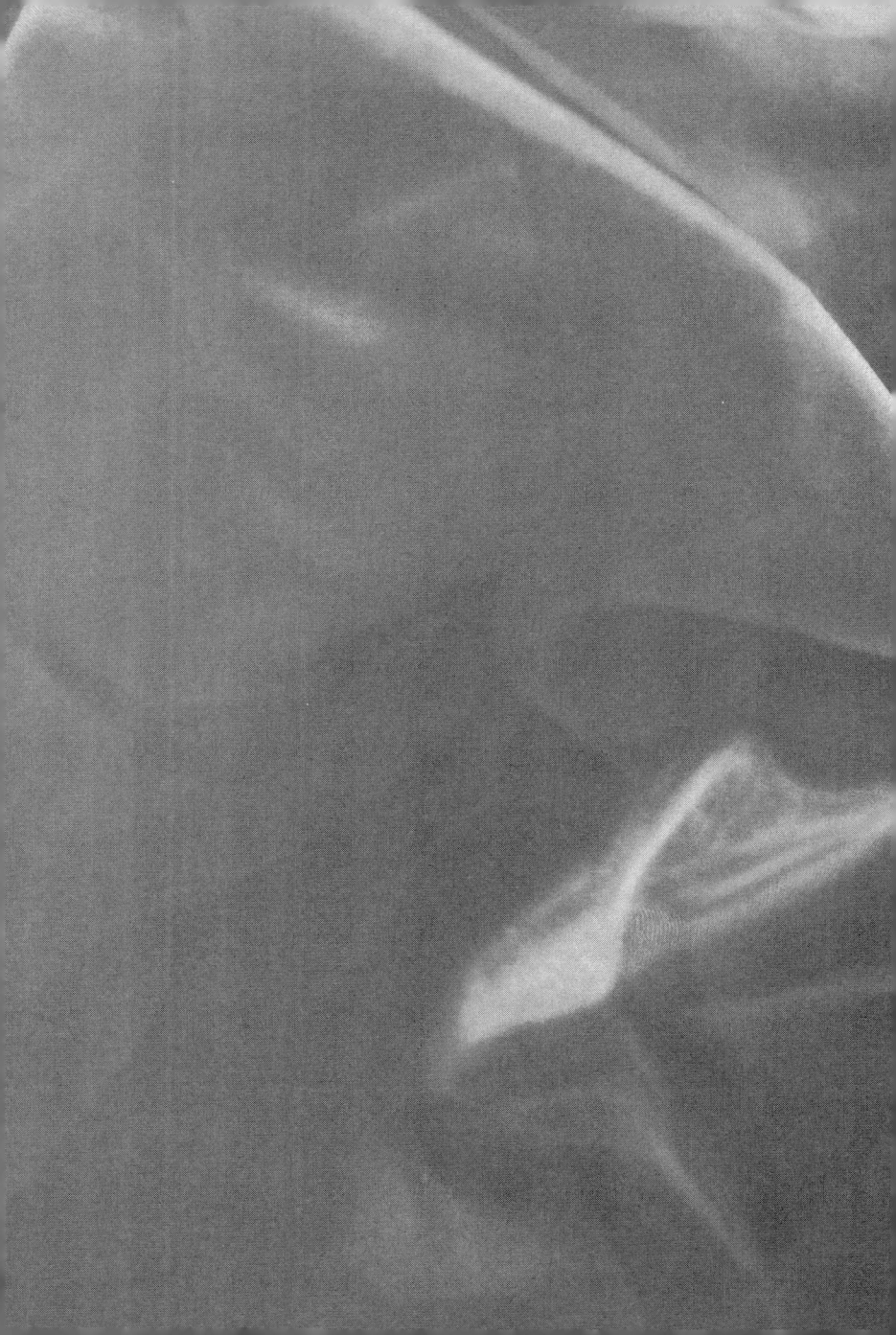

5부

가끔은 말이야

또르르 달린 노란 손편지
그 실체가 궁금해지는 시간이다
우당탕탕 쿵쾅
바쁜 하루의 시작…

가끔은 말이야

가끔은 말이야

가끔은 말이야 이상한 상상을 하곤 해.
너희들은 모르지
너희가 생각하는 상상 속의 상상을.
무슨 생각으로 알겠어
늘 상상하는 그것에 내 상상을 곱한다는 것을.

때로는 평범한 상상이 상식이 되어 통하겠지만
그런 상식은 상상 속에 상상으로 치부해 버리지.
참 바보 같지.
하지만 바보의 상상력만으로 너희를 능가하지.
알 수 없는 미지의 세계를
상상만으로 스스로 통제할 수 있으니까.

똥간

천당과 지옥의 문이 이처럼 허술한가.
삶과 죽음의 경계가 아닐진대 뭘 그리 급한 겐가, 어쩌다 내딛는 땅의 경계가 이처럼 허술하진 아니할 터.

똥상, 죽을상 다 지어도 이 문밖을 나오면 그만일 터, 문밖의 경계가 그리 쉽게 허물어지니 세상 이치 참 쉬울세 그려.

가진 자 못 가진 자, 들고 나는 것 똑같은데 뭘 그리 별난 겐가.
허허.

있는 폼 없는 폼 다 잡아 봐도 여기서는 다 똥포옴인데.

에헴 에헴
헛기침해 봐야 들어갈 때는 죽을상, 나올 때는 나 언제 그랬소 할 거인규.

세상 이치 다 거기서 거기인데 뭘 잘났다고 있는 척 없는 척 온갖 척 다 하시오.

똥간은 똥간일 거인디 말일씨.
죽다 살아도 살다 죽어도 퍼질러 싸는 건 다 똑같은 거인디.

똥간 한번 지대로 보시오.
퍼질러 싸는 건 똑같지라우.

삶의 만족

우리가 살지 않는 곳에 무엇이 있을까.
우리가 머물지 않는 그곳에 또 무엇이 있을까.
지친 여색 하나 없이 달려온 삶 어설픈 상상은 저리 가라.
바쁜 시간의 연속성에 내일은 없다.
오늘 하루 지나면 또다시 오늘의 하루가 시작된다.
매일 반복되는 일상이지만 거침없이 구르는 삶
브레이크 없이 달리는 일방적 시간들.

삶의 기본에 규칙은 없다.
답 없는 답을 구하려 애쓰지 말라.
허공에 맴도는 메아리일 뿐
내 시간에 충실하면 그것으로 족하다.
우리가 살지 않는 그곳에 무엇이 있든
우리가 머물지 않는 그곳에 무슨 일이 일어나든
우린
우리의 삶을 살아가면 그것으로 그뿐.

용인할 수 있는 것과 용인할 수 없는 것

우린 너무나 무딘 칼날에 양심을 저버리며 산다. 묵인할 수 없는 일에 쉽게 묵인해 버리고, 용인할 수 없는 일에 쉽게 용인해 버린다.

언제부터인가 양심에 위배된 일에 쉽게 눈감아 버리고, 양심에 위배된 일에 손쉽게 손을 맞잡는다.

이것 아니면 저것이겠지. 저것 아니면 이것이겠지. 무슨 일에 앞서 도무지 자신의 감정을 드러내지 않는다.

누군가 몇몇 사람들의 소수의 의견에 이리 이끌리고 저리 휘둘리며 자신의 소신을 당당히 밝히지 못한 채 어쭙잖은 언어로 변명하며 일관한다.

혼자 아니면 혼자 행동하지 않으며 둘이 아니면 혼자 행동하길 꺼린다. 집단적 자의를 행사하는 데 익숙해져 있다.

독단적 자의의 우월감보다 집단적 우위의 우월감이 앞서 작은 것을 얕신여기고 작은 것을 쉽게 묵살한다.

나 아니면 되겠지 나 아니면 다른 누군가가 하겠지. 나만 아니면 돼 나 없어도 어떻게 되든 되겠지.

나 아니면 누구도 할 수 없어 나 아니면 다른 사람 누가 있어 나 밖에 할 사람이 없어, 나만 살고 보면 되는 거야.

오로지 내 자산을 위한, 오로지 내 가족을 위한 잘못된 판단과 엇나간 사랑으로 자신을 괴물 아닌 괴물로 무장한다.

양심이란 것. 처음부터 가지고 태어났을 법도 한데 양심이란 것 우선 숨기기에 급급해서 아예 빼버리고 사는 사람이 많다.

양심을 저울질하기보단 돈을 저울질해 약삭빠른 셈을 더 우선시한다. 나쁜 일일수록 끼리끼리 한다. 떡고물이 클수록 파리 떼가 많이 붙는다.

우리 이제 이러하지 말자. 작은 것을 소중히 여기고 작은 것에 소신 있게 행동하고 작은 것에 민감하게 반응하여 나쁜 일이면 아예 싹부터 잘라 나가자.

우선 내 자신의 양심에 반한 일부터 묵인하지 말고 무딘 칼날에 날을 세워 내 주위에 섞은 것부터 도려내어 주위를 환기시키자.

우리 이제 양심의 칼날을 곧게 세워 용인할 수 있는 것과 용인할 수 없는 것을 쉽게 구분해 단칼에 잘라 버리자.

인생 뭐 있수!

그대 지친 날개의 작은 생채기
꺾이어 구부러진 가는 허리
거대한 삶의 굴곡 앞에 잃어버린 청춘의 볼품없는 유물
찾지도 뒤돌아보지도 못할 시간 앞에 초라하기 그지없구나.

옅은 장막 걷어 봐도 보이지 않는 길고 긴 여정
삶의 끄나풀 둑에 남겨진 궁색한 변명
가엾고 어이없는 빛바랜 청춘이여!

쫓기는 황혼 앞에 바쁜 걸음 웬 말인고.
가다 지치면 쉬어간들 어떠하랴
지치면 쉬어가고 쉬다가 걸어보고 걷다가 바쁘면 뛰어가면 되지.
인생 뭐 대수라고 걷다 가다 뛰다 꼬꾸라져 일어서지 못할 인생이건만.

절구

뭉툭한 몸뚱아리 어느 한 곳 성한 데가 없구나.
온몸을 쪼아 찢긴 상처 세월의 때에 가려 그 상흔이 무심타.

꾸부러진 여인의 힘없는 절규 소리 아직도 귓가를 맴도는데.
길가 모퉁이 담장 구석에 처박혀 한 몸이 된 지 오래인 듯싶다.

시간을 거슬러 애지중지 사랑받던 몸. 물가에 버려진 깨진 장독보다 못하다.
여염집 규슈 시집가던 날 그 화려했던 과거는 애달파 어이할꼬.

부귀영화 다 버리고 인생풍파 다 맞고도 삶의 애환 제 깊은 몸뚱이에 쑤셔 박아
이도 저도 못 하고 마냥 주저앉은 모습이라니.

참과 거짓

참과 거짓은 양면의 동전과 같다. 매일 보는 앞면과 어쩌다 보는 낯선 뒷면이 하나라는 사실을 까마득하게 잊어버리고 늘 같은 곳에 있는 한 면을 참이라 일컫는 고정된 시선에 사로잡힌다.

같은 몸에 있는 다른 면의 양상은 똑같을 뿐인데 참이다, 거짓이다 단정 지어 말한다. 한 몸에 있는 시각이 전혀 다른 시각으로 비춰져 한쪽을 전혀 가늠하려 들지 않는다. 같은 몸에 있어도 때로는 참 같고 때로는 거짓일 때가 많은데도 말이다.

진실 같은 허구. 거짓 같은 진실 시작의 작용점은 처음과 같은 점인데 말이다.

참된 자아로 본 시선

내가 바라보는 시선이 높거나 낮은 곳에 있다 해도 비굴해지거나 처량해하지 말라.

그대가 바라보는 그곳은 높거나 낮은 곳의 딱 중간이기 때문이다.

그대가 서 있는 그곳에서 높거나 낮은 곳을 바라보았듯이

지금 그대가 서 있는 그곳을 가장 높은 곳이라 바라보는 이 또한 있을 것이다. 그대가 가장 낮게 본 그곳에서 바라보는 이 딱 그러할지니

그대가 바라보는 시선이 낮은 곳밖에 바라볼 수 없는 곳에 있다 하여도 결코 자만하여 모든 것을 낮게 보지 말라.

그대가 오른 곳이 제일 높은 곳이라면 이제 곧 내려올 곳이 그대가 내려다본 시선 안의 것이리니

내가 본 시선이 바로 본 것이라면 내가 선 자리 또한 바로 서지 않았겠나.

어떤 곳에 서고 어떤 곳을 바라봐도 마음의 중심에 넣고 보면 다 거기서 거기인 것을.

나의 시선도 타인의 시선도 다 내 안에서 바라보고 내 안에서 느끼는 것을.

초현생인류

익숙하지 않은 눈빛
그 시선 속에 마주하는 낯선 두려움
와해된 시간의 공백을 메워주는 느슨한 공간
그 공간 속의 여백에 내가 서 있다.
내가 아닌 나의 참모습을 흘끔흘끔 바라보는 타인과 나
그 모습을 물끄러미 바라보는 멍한 시선들
시선과 시선이 마주하는 교차점에 가로놓인 거대한 장막들
고개 떨군 초현생인류
머리를 떠난 손들이 부지런히 움직인다.
무표정한 얼굴에 혼자만의 미묘한 감정들이 어김없이 드러난다.
꼭 같은 공간에 꼭 같은 시간들을 공유하며 제 각각 제 삶들을 열어간다.
하루를 여닫는 시간들이 조그마한 공간 속에 꽉 채워지면 또다시 어디론가 그들을 데려간다.

침묵하는 별

침묵하는
별들의 외침을 들어보려 했다.
마치 철지난 사랑의 아우성처럼
별이 떠서 별이 지기까지
그들 사랑의 흔적은 좀처럼 찾기 힘들었다.
고요가 생명인 듯
별들은 입도 열지 않았다.
이른 새벽 정적 없이 내리는 이슬처럼
별들은 곧장 어둠을 버리고 숨어 버렸다.
한낮의 분주함에
그들의 사랑을 잃어버렸다.

푸르름의 도시를 꿈꾸며

푸르름의 도시를 꿈꾼다.
회색 도회의 빛깔을 걷어 내고 초록의 도시를 꾸며보자.
희뿌연 스모그가 늘 우리의 시야를 가릴 때
회색 도시의 화려함은 칙칙하게 빛난다.
바쁜 시간들의 낯선 풍광들 고개 숙인 남자와 고개 숙인 여자.
한 손에 든 문명의 이기에 빠져 헤어나질 못한다.
중심 없는 자아, 획일화된 인격
무표정한 표정에 무관심한 얼굴들 성난 사자마냥 심드렁한 그 무엇.

하루의 일상이 쫓긴 시간보다 빠르다.
밀려왔다 쓸려가는 파도의 거친 꿈.
회색 도시는 푸르름을 잃고 어설픈 편안함을 얻었다.
고상한 인격을 버리고 자신의 안녕을 취한다.
밟고 가지 않으면 쫓겨 어딘가로 가야 한다.

이젠 낯선 도시의 회색빛 마음을 버리고
파아란 마음이 살아가는 푸르름의 도시를 가꿔보자.
꿈이 있고 희망이 넘치는 나눔의 도시를 만들어 가자.

5부 가끔은 말이야

허락되지 않은 삶

온전치 못한 자 온전할지어다.
힘찬 발걸음 내딛으려 네 온몸을 허공에 내질러 넘어지고 깨어지는구나.
삶의 집착이 아닌 삶의 애착에서 오는 힘 너로 하여금 스스로 일어서려 하는구나.
넘어지지 않고 일어서려는 자, 일어서지 않고 걸으려는 자, 걷지 않고 뛰려는 자
어찌 두 팔을 벌려 하늘을 잡으려는가 넘어지고 깨져서 가는 삶
어찌 연습도 하지 않고 걸으려 하는가.
높이 나는 새 날갯짓 아니 하면 떨어지는 법 그냥 걷는 사람 어디 있으며 그냥 나는 새 어디 있겠는가. 넘어지고 깨져서 얻는 지혜 몸으로 익혀지고 마음으로 남는 법 온전치 못한 자. 온전할지어다.
삶이 네게 결코 호락호락하지 않을 터.

허허

삶에 지친 나날이여
거친 인생에 비뚤어진 운명이여
삶의 버거움에 어찌 지치지 아니하리.
뒤틀린 시간에 쫓겨 넘어지고 깨어지고
멍든 상처 애처로워 어이할꼬.
핏빛 벌거벗은 몸뚱아리
이리 뜯기고 저리 찢겨 돌아갈 길 없구나.
막막한 삶의 그늘이여.

효설

모두가 잠든 새벽을 여는 길목에서 하얀 세상을 만난다.

분주한 낮 동안 빠르게 일군
이름 모를 삶들이
함몰된 어둠 속에 갇히고 닫힌 공간에
빽빽이 자리 잡은 고운 쉼들은
형태를 알 수 없는 시간의 근원으로부터
빠르게 잠식당한다.

삶의 부재에서 오는 긴 여정 속에
고립을 자초한 초췌한 육신
잠든 자아를 흔들어 깨운다.

홀로 가는 자멸의 시간
뭉텅뭉텅 쓸려간 아린 기억
앞으로 나아가는 순수의 여백에 획을 긋듯
새로운 삶에 희망 빛 보탬을 더한다.

하얀 세상으로 나아가는 느슨한 발걸음의
소복소복 쌓이는 결 고운 하루에
더불어 사는 모든 이를 위해
행복의 빛을 안식하려 든다.

5부 가끔은 말이야

* 앨범 소개

앨범 노래 수록

- 빛을 불러

- Monologue(Intro) 유튜브

- 빛을 불러(feat. Rezina) 유튜브

시인과 뮤지션의 프로젝트 '포트리룸(PTRM)'의 정규 1집 앨범 〈빛을 불러〉 발매.
2020년 7월, 시인 '박은선'과 작곡가 '1L2L'의 첫 협업으로 시작된 프로젝트앨범 '포트리룸(PTRM)'. 2023년 12월, '이현재' 시인의 〈바람의 길목〉을 바탕으로 만든 〈빛을 불러〉를 보컬 'Rezina(레지나)'와 함께 새롭게 선보이며, 그동안의 발자취를 정규앨범에 함께 담았다.

빛을 불러 Monologue(Intro) 2
빛을 불러 (feat. Rezina(레지나))(Title) Lyrics by 이현재